TRANZLATY
Language is for everyone

Jezik je za sve

Beauty and the Beast

Ljepotica i Zvijer

Gabrielle-Suzanne Barbot de Villeneuve

English / Hrvatski

Copyright © 2025 Tranzlaty
All rights reserved
Published by Tranzlaty
ISBN: 978-1-83566-968-6
Original text by Gabrielle-Suzanne Barbot de Villeneuve
La Belle et la Bête
First published in French in 1740
Taken from The Blue Fairy Book (Andrew Lang)
Illustration by Walter Crane
www.tranzlaty.com

There was once a rich merchant
Bio jednom jedan bogati trgovac
this rich merchant had six children
ovaj bogati trgovac imao je šestero djece
he had three sons and three daughters
imao je tri sina i tri kćeri
he spared no cost for their education
nije štedio za njihovo obrazovanje
because he was a man of sense
jer je bio razuman čovjek
but he gave his children many servants
ali je svojoj djeci dao mnogo slugu
his daughters were extremely pretty
njegove su kćeri bile izuzetno lijepe
and his youngest daughter was especially pretty
a posebno je bila lijepa njegova najmlađa kći
as a child her Beauty was already admired
kao dijete već su se divili njezinoj ljepoti
and the people called her by her Beauty
a narod ju je prozvao po ljepoti
her Beauty did not fade as she got older
njezina ljepota nije nestala kako je starila
so the people kept calling her by her Beauty
pa ju je narod stalno prozivao po ljepoti
this made her sisters very jealous
zbog toga su njezine sestre bile vrlo ljubomorne
the two eldest daughters had a great deal of pride
dvije najstarije kćeri imale su veliki ponos
their wealth was the source of their pride
njihovo je bogatstvo bilo izvor njihovog ponosa
and they didn't hide their pride either
a nisu krili ni ponos
they did not visit other merchants' daughters

nisu posjećivali kćeri drugih trgovaca
because they only meet with aristocracy
jer se susreću samo s aristokracijom
they went out every day to parties
izlazili su svaki dan na zabave
balls, plays, concerts, and so forth
balovi, predstave, koncerti i tako dalje
and they laughed at their youngest sister
a smijali su se svojoj najmlađoj sestri
because she spent most of her time reading
jer je većinu vremena provodila čitajući
it was well known that they were wealthy
dobro se znalo da su imućni
so several eminent merchants asked for their hand
pa je nekoliko uglednih trgovaca zatražilo njihovu ruku
but they said they were not going to marry
ali rekli su da se neće vjenčati
but they were prepared to make some exceptions
ali su bili spremni napraviti neke iznimke
"perhaps I could marry a Duke"
"Možda bih se mogla udati za vojvodu"
"I guess I could marry an Earl"
"Pretpostavljam da bih se mogla udati za Earla"
Beauty very civilly thanked those that proposed to her
Ljepotica je vrlo civilizirano zahvalila onima koji su je zaprosili
she told them she was still too young to marry
rekla im je da je još premlada za udaju
she wanted to stay a few more years with her father
htjela je ostati još nekoliko godina s ocem
All at once the merchant lost his fortune
Odjednom je trgovac izgubio svoje bogatstvo
he lost everything apart from a small country house

izgubio je sve osim male seoske kuće
and he told his children with tears in his eyes:
i rekao je svojoj djeci sa suzama u očima:
"we must go to the countryside"
"moramo ići na selo"
"and we must work for our living"
"i moramo raditi za život"
the two eldest daughters didn't want to leave the town
dvije najstarije kćeri nisu htjele otići iz grada
they had several lovers in the city
imali su nekoliko ljubavnika u gradu
and they were sure one of their lovers would marry them
i bili su sigurni da će ih jedan od njihovih ljubavnika oženiti
they thought their lovers would marry them even with no fortune
mislili su da će ih njihovi ljubavnici oženiti čak i bez imanja
but the good ladies were mistaken
ali su se dobre dame prevarile
their lovers abandoned them very quickly
njihovi su ih ljubavnici vrlo brzo napustili
because they had no fortunes any more
jer više nisu imali bogatstva
this showed they were not actually well liked
to je pokazalo da ih se zapravo ne voli
everybody said they do not deserve to be pitied
svi su rekli da ne zaslužuju sažaljenje
"we are glad to see their pride humbled"
"drago nam je vidjeti njihov ponos ponižen"
"let them be proud of milking cows"
"neka se ponose kravama muzarama"

but they were concerned for Beauty
ali su bili zabrinuti za ljepotu
she was such a sweet creature
bila je tako slatko stvorenje
she spoke so kindly to poor people
tako je ljubazno razgovarala sa siromašnim ljudima
and she was of such an innocent nature
a bila je tako nevine naravi
Several gentlemen would have married her
Nekoliko bi je gospode oženilo
they would have married her even though she was poor
bili bi je oženili iako je bila siromašna
but she told them she couldn't marry them
ali im je rekla da se ne može udati za njih
because she would not leave her father
jer ne bi ostavila oca
she was determined to go with him to the countryside
bila je odlučna otići s njim na selo
so that she could comfort and help him
kako bi ga mogla utješiti i pomoći mu
Poor Beauty was very grieved at first
Jadna ljepotica isprva je bila jako ožalošćena
she was grieved by the loss of her fortune
bila je ožalošćena zbog gubitka svog bogatstva
"but crying won't change my fortunes"
"ali plakanje neće promijeniti moju sudbinu"
"I must try to make myself happy without wealth"
"Moram se pokušati usrećiti bez bogatstva"
they came to their country house
došli su u svoju seosku kuću
and the merchant and his three sons applied themselves to husbandry

a trgovac i njegova tri sina posvetili su se stočarstvu
Beauty rose at four in the morning
ljepota je ustala u četiri ujutro
and she hurried to clean the house
a ona je požurila pospremiti kuću
and she made sure dinner was ready
a ona se pobrinula da večera bude spremna
in the beginning she found her new life very difficult
u početku joj je novi život bio vrlo težak
because she had not been used to such work
jer nije bila navikla na takav posao
but in less than two months she grew stronger
ali je za manje od dva mjeseca ojačala
and she was healthier than ever before
i bila je zdravija nego ikad prije
after she had done her work she read
nakon što je obavila svoj posao čitala je
she played on the harpsichord
svirala je na čembalu
or she sung whilst she spun silk
ili je pjevala dok je prela svilu
on the contrary, her two sisters did not know how to spend their time
naprotiv, njezine dvije sestre nisu znale kako provoditi vrijeme
they got up at ten and did nothing but laze about all day
ustajali su u deset i cijeli dan nisu radili ništa osim ljenčarili
they lamented the loss of their fine clothes
oplakivali su gubitak svoje lijepe odjeće
and they complained about losing their acquaintances
i žalili su se na gubitak svojih poznanstava

"Have a look at our youngest sister," they said to each other
"Pogledaj našu najmlađu sestru", govorile su jedna drugoj
"what a poor and stupid creature she is"
"kako je ona jadno i glupo stvorenje"
"it is mean to be content with so little"
"zlobno je biti zadovoljan s tako malo"
the kind merchant was of quite a different opinion
ljubazni trgovac bio je sasvim drugačijeg mišljenja
he knew very well that Beauty outshone her sisters
dobro je znao da ljepota nadmašuje njezine sestre
she outshone them in character as well as mind
nadmašila ih je karakterom kao i umom
he admired her humility and her hard work
divio se njezinoj poniznosti i marljivom radu
but most of all he admired her patience
ali najviše se divio njezinoj strpljivosti
her sisters left her all the work to do
njezine su joj sestre ostavile sav posao
and they insulted her every moment
a vrijeđali su je svaki čas
The family had lived like this for about a year
Obitelj je tako živjela oko godinu dana
then the merchant got a letter from an accountant
tada je trgovac dobio pismo od računovođe
he had an investment in a ship
imao je investiciju u brod
and the ship had safely arrived
i brod je sretno stigao
this news turned the heads of the two eldest daughters
Njegova vijest okrenula je glavu dvjema najstarijim kćerima

they immediately had hopes of returning to town
odmah su se nadali povratku u grad
because they were quite weary of country life
jer su bili prilično umorni od života na selu
they went to their father as he was leaving
otišli su ocu dok je odlazio
they begged him to buy them new clothes
molili su ga da im kupi novu odjeću
dresses, ribbons, and all sorts of little things
haljine, vrpce i kojekakve sitnice
but Beauty asked for nothing
ali ljepota nije tražila ništa
because she thought the money wasn't going to be enough
jer je mislila da novac neće biti dovoljan
there wouldn't be enough to buy everything her sisters wanted
ne bi bilo dovoljno da se kupi sve što njezine sestre žele
"What would you like, Beauty?" asked her father
– Što bi htjela, ljepotice? upita njezin otac
"thank you, father, for the goodness to think of me," she said
"hvala ti, oče, što si mislio na mene", rekla je
"father, be so kind as to bring me a rose"
"Oče, budi ljubazan da mi doneseš ružu"
"because no roses grow here in the garden"
"jer ovdje u vrtu ne rastu ruže"
"and roses are a kind of rarity"
"a ruže su prava rijetkost"
Beauty didn't really care for roses
ljepotica nije baš marila za ruže
she only asked for something not to condemn her sisters

tražila je samo nešto da ne osuđuje svoje sestre
but her sisters thought she asked for roses for other reasons
ali njezine su sestre mislile da je tražila ruže iz drugih razloga
"she did it just to look particular"
"učinila je to samo da izgleda posebno"
The kind man went on his journey
Ljubazan čovjek je otišao na put
but when he arrived they argued about the merchandise
ali kad je stigao svađali su se oko robe
and after a lot of trouble he came back as poor as before
i nakon silnih muka vratio se siromašan kao i prije
he was within a couple of hours of his own house
bio je unutar nekoliko sati od vlastite kuće
and he already imagined the joy of seeing his children
i već je zamišljao radost što će vidjeti svoju djecu
but when going through forest he got lost
ali kad je prolazio kroz šumu izgubio se
it rained and snowed terribly
padala je užasna kiša i snijeg
the wind was so strong it threw him off his horse
vjetar je bio toliko jak da ga je bacio s konja
and night was coming quickly
a noć je brzo dolazila
he began to think that he might starve
počeo je razmišljati da bi mogao umrijeti od gladi
and he thought that he might freeze to death
i mislio je da bi se mogao smrznuti nasmrt
and he thought wolves may eat him
i mislio je da bi ga vukovi mogli pojesti

the wolves that he heard howling all round him
vukovi koje je čuo kako zavijaju posvuda oko njega
but all of a sudden he saw a light
ali odjednom je ugledao svjetlo
he saw the light at a distance through the trees
vidio je svjetlo na daljinu kroz drveće
when he got closer he saw the light was a palace
kad je prišao bliže vidio je da je svjetlost bila palača
the palace was illuminated from top to bottom
palača je bila osvijetljena od vrha do dna
the merchant thanked God for his luck
trgovac je zahvalio Bogu na svojoj sreći
and he hurried to the palace
te je pohitao u palaču
but he was surprised to see no people in the palace
ali se iznenadio što nije vidio ljude u palači
the court yard was completely empty
dvorište je bilo potpuno prazno
and there was no sign of life anywhere
a nigdje nije bilo znaka života
his horse followed him into the palace
njegov ga je konj slijedio u palaču
and then his horse found large stable
a onda je njegov konj pronašao veliku staju
the poor animal was almost famished
jadna je životinja bila gotovo gladna
so his horse went in to find hay and oats
pa je njegov konj ušao da nađe sijena i zobi
fortunately he found plenty to eat
srećom je našao dosta hrane
and the merchant tied his horse up to the manger
a trgovac priveza konja za jasle
walking towards the house he saw no one

hodajući prema kući nije vidio nikoga
but in a large hall he found a good fire
ali u velikoj dvorani našao je dobru vatru
and he found a table set for one
i našao je stol postavljen za jednoga
he was wet from the rain and snow
bio je mokar od kiše i snijega
so he went near the fire to dry himself
pa priđe vatri da se osuši
"I hope the master of the house will excuse me"
"Nadam se da će me gazda ispričati"
"I suppose it won't take long for someone to appear"
"Pretpostavljam da neće trebati dugo da se netko pojavi"
He waited a considerable time
Čekao je dosta vremena
he waited until it struck eleven, and still nobody came
čekao je dok nije otkucalo jedanaest, ali i dalje nitko nije došao
at last he was so hungry that he could wait no longer
napokon je bio toliko gladan da više nije mogao čekati
he took some chicken and ate it in two mouthfuls
uze malo piletine i pojede je u dva zalogaja
he was trembling while eating the food
drhtao je dok je jeo hranu
after this he drank a few glasses of wine
nakon ovoga je popio nekoliko čaša vina
growing more courageous he went out of the hall
sve hrabriji izađe iz dvorane
and he crossed through several grand halls
i prešao je kroz nekoliko velikih dvorana
he walked through the palace until he came into a chamber
hodao je kroz palaču dok nije došao u jednu odaju

a chamber which had an exceeding good bed in it
komora koja je u sebi imala iznimno dobar krevet
he was very much fatigued from his ordeal
bio je vrlo umoran od svoje kušnje
and the time was already past midnight
a vrijeme je već prošla ponoć
so he decided it was best to shut the door
pa je zaključio da je najbolje zatvoriti vrata
and he concluded he should go to bed
i zaključio je da bi trebao otići u krevet
It was ten in the morning when the merchant woke up
Bilo je deset sati ujutro kad se trgovac probudio
just as he was going to rise he saw something
baš kad je krenuo ustati ugledao je nešto
he was astonished to see a clean set of clothes
bio je zapanjen ugledavši čist komplet odjeće
in the place where he had left his dirty clothes
na mjestu gdje je ostavio svoju prljavu odjeću
"certainly this palace belongs to some kind fairy"
"ova palača sigurno pripada nekoj vili"
"a fairy who has seen and pitied me"
" vila koja je vidjela i sažalila me"
he looked through a window
pogledao je kroz prozor
but instead of snow he saw the most delightful garden
ali umjesto snijega ugledao je najdivniji vrt
and in the garden were the most beautiful roses
a u vrtu su bile najljepše ruže
he then returned to the great hall
zatim se vratio u veliku dvoranu
the hall where he had had soup the night before
dvoranu u kojoj je večer prije jeo juhu
and he found some chocolate on a little table

i našao je malo čokolade na stoliću
"Thank you, good Madam Fairy," he said aloud
"Hvala vam, dobra gospođo Vilo", rekao je naglas
"thank you for being so caring"
"hvala što si tako brižan"
"I am extremely obliged to you for all your favours"
"Izuzetno sam vam zahvalan za sve vaše usluge"
the kind man drank his chocolate
ljubazni čovjek je popio svoju čokoladu
and then he went to look for his horse
a onda je otišao potražiti svog konja
but in the garden he remembered Beauty's request
ali u vrtu se sjetio ljepotičina zahtjeva
and he cut off a branch of roses
i on je odrezao granu ruže
immediately he heard a great noise
odmah je začuo veliku buku
and he saw a terribly frightful Beast
i ugleda strahovito strašnu zvijer
he was so scared that he was ready to faint
toliko se uplašio da je bio spreman pasti u nesvijest
"You are very ungrateful," said the Beast to him
"Vrlo si nezahvalan", reče mu zvijer
and the Beast spoke in a terrible voice
a zvijer je progovorila strašnim glasom
"I have saved your life by allowing you into my castle"
"Spasio sam ti život dopustivši ti ulazak u svoj dvorac"
"and for this you steal my roses in return?"
"i za ovo mi kradeš ruže zauzvrat?"
"The roses which I value beyond anything"
"Ruže koje cijenim iznad svega"
"but you shall die for what you've done"
"ali umrijet ćeš za ono što si učinio"

"I give you but a quarter of an hour to prepare yourself"
"Dajem ti samo četvrt sata da se pripremiš"
"get yourself ready for death and say your prayers"
"spremi se za smrt i pomoli se"
the merchant fell on his knees
trgovac je pao na koljena
and he lifted up both his hands
i podigao je obje ruke
"My lord, I beseech you to forgive me"
"Gospodaru, preklinjem te da mi oprostiš"
"I had no intention of offending you"
"Nisam te imao namjeru uvrijediti"
"I gathered a rose for one of my daughters"
"Nabrao sam ružu za jednu od svojih kćeri"
"she asked me to bring her a rose"
"zamolila me da joj donesem ružu"
"I am not your lord, but I am a Beast," replied the monster
"Ja nisam tvoj gospodar, ali ja sam zvijer", odgovori čudovište
"I don't love compliments"
"Ne volim komplimente"
"I like people who speak as they think"
"Volim ljude koji govore kako misle"
"do not imagine I can be moved by flattery"
"nemoj misliti da me može dirnuti laskanje"
"But you say you have got daughters"
"Ali kažeš da imaš kćeri"
"I will forgive you on one condition"
"Oprostit ću ti pod jednim uvjetom"
"one of your daughters must come to my palace willingly"

"jedna od tvojih kćeri mora dobrovoljno doći u moju palaču"
"and she must suffer for you"
"i ona mora patiti za tebe"
"Let me have your word"
"Daj mi tvoju riječ"
"and then you can go about your business"
"i onda možete nastaviti svojim poslom"
"Promise me this:"
"Obećaj mi ovo:"
"if your daughter refuses to die for you, you must return within three months"
"Ako vaša kći odbije umrijeti za vas, morate se vratiti u roku od tri mjeseca"
the merchant had no intentions to sacrifice his daughters
trgovac nije imao namjeru žrtvovati svoje kćeri
but, since he was given time, he wanted to see his daughters once more
ali, budući da je dobio vremena, želio je još jednom vidjeti svoje kćeri
so he promised he would return
pa je obećao da će se vratiti
and the Beast told him he might set out when he pleased
a zvijer mu je rekla da može krenuti kad mu se prohtije
and the Beast told him one more thing
a zvijer mu reče još jednu stvar
"you shall not depart empty handed"
"nećeš otići praznih ruku"
"go back to the room where you lay"
"vrati se u sobu gdje si ležao"
"you will see a great empty treasure chest"

"vidjet ćete veliku praznu škrinju s blagom"
"fill the treasure chest with whatever you like best"
"napunite škrinju s blagom onim što vam se najviše sviđa"
"and I will send the treasure chest to your home"
"i ja ću poslati škrinju s blagom u tvoj dom"
and at the same time the Beast withdrew
a pritom se zvijer povukla
"Well," said the good man to himself
"Pa", rekao je dobri čovjek u sebi
"if I must die, I shall at least leave something to my children"
"Ako moram umrijeti, ostavit ću barem nešto svojoj djeci"
so he returned to the bedchamber
pa se vratio u spavaću sobu
and he found a great many pieces of gold
i našao je jako mnogo zlatnika
he filled the treasure chest the Beast had mentioned
napunio je škrinju s blagom koju je zvijer spomenula
and he took his horse out of the stable
a konja je izveo iz konjušnice
the joy he felt when entering the palace was now equal to the grief he felt leaving it
radost koju je osjetio kad je ušao u palaču sada je bila jednaka tuzi koju je osjećao napuštajući je
the horse took one of the roads of the forest
konj je krenuo jednom od šumskih cesta
and in a few hours the good man was home
i za nekoliko sati dobri je čovjek bio kod kuće
his children came to him
došla su mu djeca njegova
but instead of receiving their embraces with pleasure,

he looked at them
ali umjesto da sa zadovoljstvom primi njihove zagrljaje, pogledao ih je
he held up the branch he had in his hands
podigao je granu koju je imao u rukama
and then he burst into tears
a onda je briznuo u plač
"Beauty," he said, "please take these roses"
"ljepotice", rekao je, "molim te uzmi ove ruže"
"you can't know how costly these roses have been"
"ne možeš znati koliko su ove ruže bile skupe"
"these roses have cost your father his life"
"ove ruže koštale su tvog oca života"
and then he told of his fatal adventure
a zatim je ispričao svoju kobnu pustolovinu
immediately the two eldest sisters cried out
odmah povikaše dvije najstarije sestre
and they said many mean things to their beautiful sister
i rekli su mnogo zlobnih stvari svojoj lijepoj sestri
but Beauty did not cry at all
ali ljepotica uopće nije plakala
"Look at the pride of that little wretch," said they
"Pogledaj ponos tog malog bijednika", rekli su
"she did not ask for fine clothes"
"nije tražila finu odjeću"
"she should have done what we did"
"trebala je učiniti ono što smo mi učinili"
"she wanted to distinguish herself"
"htjela se istaknuti"
"so now she will be the death of our father"
"pa sada će ona biti smrt našeg oca"
"and yet she does not shed a tear"

"a ipak ne pusti suzu"
"Why should I cry?" answered Beauty
– Zašto bih plakala? odgovori ljepotica
"crying would be very needless"
"plakanje bi bilo vrlo nepotrebno"
"my father will not suffer for me"
"moj otac neće patiti za mnom"
"the monster will accept of one of his daughters"
"čudovište će prihvatiti jednu od njegovih kćeri"
"I will offer myself up to all his fury"
"Ponudit ću se svom njegovom bijesu"
"I am very happy, because my death will save my father's life"
"Jako sam sretan, jer će moja smrt spasiti život mog oca"
"my death will be a proof of my love"
"moja smrt će biti dokaz moje ljubavi"
"No, sister," said her three brothers
"Ne, sestro", rekla su njezina tri brata
"that shall not be"
"to nece biti"
"we will go find the monster"
"Ići ćemo pronaći čudovište"
"and either we will kill him..."
"i ili ćemo ga ubiti..."
"... or we will perish in the attempt"
"... ili ćemo izginuti u pokušaju"
"Do not imagine any such thing, my sons," said the merchant
"Nemojte zamišljati tako nešto, sinovi moji", rekao je trgovac
"the Beast's power is so great that I have no hope you could overcome him"
"Moć zvijeri je tolika da se ne nadam da biste je mogli

nadvladati"
"I am charmed with Beauty's kind and generous offer"
"Očaran sam ljubaznom i velikodušnom ponudom ljepote"
"but I cannot accept to her generosity"
"ali ne mogu prihvatiti njenu velikodušnost"
"I am old, and I don't have long to live"
"Star sam i nije mi ostalo još dugo"
"so I can only loose a few years"
"tako da mogu izgubiti samo nekoliko godina"
"time which I regret for you, my dear children"
"vrijeme za kojim vas žalim, djeco moja draga"
"But father," said Beauty
"Ali oče", rekla je ljepotica
"you shall not go to the palace without me"
"nećeš ići u palaču bez mene"
"you cannot stop me from following you"
"ne možeš me spriječiti da te slijedim"
nothing could convince Beauty otherwise
ništa nije moglo uvjeriti ljepotu u suprotno
she insisted on going to the fine palace
inzistirala je na odlasku u finu palaču
and her sisters were delighted at her insistence
a njezine su sestre bile oduševljene njezinim inzistiranjem
The merchant was worried at the thought of losing his daughter
Trgovac je bio zabrinut pri pomisli da će izgubiti svoju kćer
he was so worried that he had forgotten about the chest full of gold
bio je toliko zabrinut da je zaboravio na škrinju punu zlata

at night he retired to rest, and he shut his chamber door
noću se povukao na odmor i zatvorio vrata svoje sobe
then, to his great astonishment, he found the treasure by his bedside
tada je, na svoje veliko zaprepaštenje, pronašao blago pokraj svog kreveta
he was determined not to tell his children
bio je odlučan ne reći svojoj djeci
if they knew, they would have wanted to return to town
da su znali, htjeli bi se vratiti u grad
and he was resolved not to leave the countryside
i bio je odlučan da ne napušta selo
but he trusted Beauty with the secret
ali je ljepoti povjeravao tajnu
she informed him that two gentlemen had came
obavijestila ga je da su došla dva gospodina
and they made proposals to her sisters
i predlagali su njezine sestre
she begged her father to consent to their marriage
molila je oca da pristane na njihov brak
and she asked him to give them some of his fortune
a ona ga je zamolila da im da nešto od svog imetka
she had already forgiven them
već im je oprostila
the wicked creatures rubbed their eyes with onions
opaka su stvorenja trljala oči lukom
to force some tears when they parted with their sister
natjerati koju suzu kad su se rastajali sa sestrom
but her brothers really were concerned
ali njezina su braća doista bila zabrinuta
Beauty was the only one who did not shed any tears

ljepotica jedina nije pustila nijednu suzu
she did not want to increase their uneasiness
nije htjela povećati njihovu nelagodu
the horse took the direct road to the palace
konj je krenuo izravnom cestom do palače
and towards evening they saw the illuminated palace
a prema večeri ugledaše rasvijetljenu palaču
the horse took himself into the stable again
konj se opet odveo u staju
and the good man and his daughter went into the great hall
a dobri čovjek i njegova kći uđoše u veliku dvoranu
here they found a table splendidly served up
ovdje su našli sjajno serviran stol
the merchant had no appetite to eat
trgovac nije imao apetita za jelo
but Beauty endeavoured to appear cheerful
ali ljepotica se trudila ispasti vesela
she sat down at the table and helped her father
sjela za stol i pomogla ocu
but she also thought to herself:
ali je također pomislila u sebi:
"Beast surely wants to fatten me before he eats me"
"zvijer me sigurno želi ugojiti prije nego me pojede"
"that is why he provides such plentiful entertainment"
"zato on pruža tako bogatu zabavu"
after they had eaten they heard a great noise
nakon što su jeli čuli su veliku buku
and the merchant bid his unfortunate child farewell, with tears in his eyes
a trgovac se sa suzama u očima oprostio od svog nesretnog djeteta
because he knew the Beast was coming

jer je znao da zvijer dolazi
Beauty was terrified at his horrid form
ljepotica je bila prestravljena njegovim užasnim oblikom
but she took courage as well as she could
ali se ohrabrila koliko je mogla
and the monster asked her if she came willingly
a čudovište ju je upitalo je li došla dragovoljno
"yes, I have come willingly," she said trembling
"Da, došla sam svojevoljno", rekla je drhteći
the Beast responded, "You are very good"
zvijer je odgovorila: "Vrlo si dobar"
"and I am greatly obliged to you; honest man"
"i ja sam vam jako zahvalan; pošteni čovječe"
"go your ways tomorrow morning"
"idi svojim putem sutra ujutro"
"but never think of coming here again"
"ali nikad više ne pomisli doći ovdje"
"Farewell Beauty, farewell Beast," he answered
"Zbogom ljepotice, zbogom zvijeri", odgovorio je
and immediately the monster withdrew
i odmah se čudovište povuklo
"Oh, daughter," said the merchant
"Oh, kćeri", rekao je trgovac
and he embraced his daughter once more
i on još jednom zagrli svoju kćer
"I am almost frightened to death"
"Skoro sam nasmrt preplašen"
"believe me, you had better go back"
"vjeruj mi, bolje da se vratiš"
"let me stay here, instead of you"
"daj mi da ostanem ovdje, umjesto tebe"
"No, father," said Beauty, in a resolute tone
"Ne, oče", rekla je ljepotica, odlučnim tonom

"you shall set out tomorrow morning"
"sutra ujutro ćeš krenuti"
"leave me to the care and protection of providence"
"prepusti me brizi i zaštiti providnosti"
nonetheless they went to bed
ipak su otišli u krevet
they thought they would not close their eyes all night
mislili su da cijelu noć neće oka sklopiti
but just as they lay down they slept
ali tek što su legli spavali su
Beauty dreamed a fine lady came and said to her:
ljepotica je sanjala da je došla fina gospođa i rekla joj:
"I am content, Beauty, with your good will"
"Zadovoljan sam, ljepotice, tvojom dobrom voljom"
"this good action of yours shall not go unrewarded"
"ovaj tvoj dobar postupak neće ostati nenagrađen"
Beauty waked and told her father her dream
ljepotica se probudila i ispričala ocu svoj san
the dream helped to comfort him a little
san je pomogao da ga malo utješi
but he could not help crying bitterly as he was leaving
ali nije mogao suspregnuti gorki plač dok je odlazio
as soon as he was gone, Beauty sat down in the great hall and cried too
čim je on otišao, ljepotica je sjela u veliku dvoranu i također zaplakala
but she resolved not to be uneasy
ali odlučila je ne osjećati nelagodu
she decided to be strong for the little time she had left to live
odlučila je biti jaka ono malo vremena što joj je preostalo za život
because she firmly believed the Beast would eat her

jer je čvrsto vjerovala da će je zvijer pojesti
however, she thought she might as well explore the palace
međutim, mislila je da bi mogla istražiti i palaču
and she wanted to view the fine castle
i htjela je razgledati lijepi dvorac
a castle which she could not help admiring
dvorac kojem se nije mogla ne diviti
it was a delightfully pleasant palace
bila je to divno ugodna palača
and she was extremely surprised at seeing a door
i bila je iznimno iznenađena ugledavši vrata
and over the door was written that it was her room
a preko vrata je pisalo da je to njezina soba
she opened the door hastily
žurno je otvorila vrata
and she was quite dazzled with the magnificence of the room
i bila je prilično zaslijepljena veličanstvenošću sobe
what chiefly took up her attention was a large library
ono što joj je najviše zaokupilo pozornost bila je velika knjižnica
a harpsichord and several music books
čembalo i nekoliko notnih knjiga
"Well," said she to herself
"Pa", rekla je sama sebi
"I see the Beast will not let my time hang heavy"
"Vidim da zvijer neće dopustiti da moje vrijeme bude teško"
then she reflected to herself about her situation
zatim je razmislila o svojoj situaciji
"If I was meant to stay a day all this would not be here"
"Da mi je suđeno ostati jedan dan, svega ovoga ne bi

bilo"
this consideration inspired her with fresh courage
ovo ju je razmatranje nadahnulo novom hrabrošću
and she took a book from her new library
i uzela je knjigu iz svoje nove knjižnice
and she read these words in golden letters:
i pročitala je ove riječi ispisane zlatnim slovima:
"Welcome Beauty, banish fear"
"Dobro došla ljepotice, otjeraj strah"
"You are queen and mistress here"
"Ti si ovdje kraljica i gospodarica"
"Speak your wishes, speak your will"
"Reci svoje želje, reci svoju volju"
"Swift obedience meets your wishes here"
"Ovdje brza poslušnost ispunjava vaše želje"
"Alas," said she, with a sigh
"Jao", rekla je uz uzdah
"Most of all I wish to see my poor father"
"Najviše od svega želim vidjeti svog jadnog oca"
"and I would like to know what he is doing"
"i volio bih znati što on radi"
As soon as she had said this she noticed the mirror
Čim je to rekla, primijetila je ogledalo
to her great amazement she saw her own home in the mirror
na svoje veliko čuđenje ugledala je vlastiti dom u ogledalu
her father arrived emotionally exhausted
njezin je otac stigao emocionalno iscrpljen
her sisters went to meet him
njezine sestre pošle su mu u susret
despite their attempts to appear sorrowful, their joy was visible

unatoč njihovim pokušajima da izgledaju tužni, njihova
je radost bila vidljiva
a moment later everything disappeared
trenutak kasnije sve je nestalo
and Beauty's apprehensions disappeared too
a nestale su i strepnje ljepote
for she knew she could trust the Beast
jer je znala da može vjerovati zvijeri
At noon she found dinner ready
U podne je našla gotovu večeru
she sat herself down at the table
sama je sjela za stol
and she was entertained with a concert of music
a zabavljala se koncertom glazbe
although she couldn't see anybody
iako nije mogla nikoga vidjeti
at night she sat down for supper again
noću je opet sjela za večeru
this time she heard the noise the Beast made
ovaj put je čula buku koju je zvijer napravila
and she could not help being terrified
i nije mogla ne biti prestravljena
"Beauty," said the monster
"ljepotice", reče čudovište
"do you allow me to eat with you?"
"dopuštaš li mi da jedem s tobom?"
"do as you please," Beauty answered trembling
"radi kako hoćeš", odgovori ljepotica dršćući
"No," replied the Beast
"Ne", odgovori zvijer
"you alone are mistress here"
"samo si ti ovdje gospodarica"
"you can send me away if I'm troublesome"

"možeš me poslati ako budem problematičan"
"send me away and I will immediately withdraw"
"pošalji me i odmah ću se povući"
"But, tell me; do you not think I am very ugly?"
"Ali, reci mi; ne misliš li da sam jako ružan?"
"That is true," said Beauty
"To je istina", rekla je ljepotica
"I cannot tell a lie"
"Ne mogu lagati"
"but I believe you are very good natured"
"ali vjerujem da si vrlo dobre naravi"
"I am indeed," said the monster
"Uistinu jesam", reče čudovište
"But apart from my ugliness, I also have no sense"
"Ali osim svoje ružnoće, nemam ni razuma"
"I know very well that I am a silly creature"
"Dobro znam da sam blesavo stvorenje"
"It is no sign of folly to think so," replied Beauty
"Nije znak ludosti tako misliti", odgovori ljepotica
"Eat then, Beauty," said the monster
"Onda jedi, ljepotice", reče čudovište
"try to amuse yourself in your palace"
"pokušaj se zabaviti u svojoj palači"
"everything here is yours"
"sve je ovdje tvoje"
"and I would be very uneasy if you were not happy"
"i bilo bi mi jako neugodno da ti nisi sretan"
"You are very obliging," answered Beauty
"Vrlo ste ljubazni", odgovori ljepotica
"I admit I am pleased with your kindness"
"Priznajem da sam zadovoljan vašom ljubaznošću"
"and when I consider your kindness, I hardly notice your deformities"

"a kad uzmem u obzir tvoju dobrotu, jedva primjećujem tvoje deformitete"
"Yes, yes," said the Beast, "my heart is good
"Da, da", reče zvijer, "moje srce je dobro
"but although I am good, I am still a monster"
"ali iako sam dobar, još uvijek sam čudovište"
"There are many men that deserve that name more than you"
"Ima mnogo muškaraca koji zaslužuju to ime više od tebe"
"and I prefer you just as you are"
"i draži si mi takav kakav jesi"
"and I prefer you more than those who hide an ungrateful heart"
"i draži si mi od onih koji kriju nezahvalno srce"
"if only I had some sense," replied the Beast
"Kad bih samo imao razuma", odgovori zvijer
"if I had sense I would make a fine compliment to thank you"
"Da sam imao razuma, dao bih vam dobar kompliment"
"but I am so dull"
"ali ja sam tako dosadna"
"I can only say I am greatly obliged to you"
"Mogu samo reći da sam vam jako zahvalan"
Beauty ate a hearty supper
ljepotica je obilno večerala
and she had almost conquered her dread of the monster
i gotovo je pobijedila svoj strah od čudovišta
but she wanted to faint when the Beast asked her the next question
ali htjela se onesvijestiti kad joj je zvijer postavila sljedeće pitanje

"Beauty, will you be my wife?"
"ljepotice, hoćeš li biti moja žena?"
she took some time before she could answer
trebalo joj je neko vrijeme prije nego što je uspjela odgovoriti
because she was afraid of making him angry
jer se bojala da ga ne naljuti
at last, however, she said "no, Beast"
Na kraju je ipak rekla "ne, zvijer"
immediately the poor monster hissed very frightfully
odmah je jadno čudovište vrlo zastrašujuće zasiktalo
and the whole palace echoed
a cijela je palača odjeknula
but Beauty soon recovered from her fright
ali se ljepotica ubrzo oporavila od straha
because Beast spoke again in a mournful voice
jer je zvijer opet progovorila tugaljivim glasom
"then farewell, Beauty"
"onda zbogom ljepotice"
and he only turned back now and then
a on se samo tu i tamo okretao
to look at her as he went out
da je pogleda dok je izlazio
now Beauty was alone again
sada je ljepotica opet bila sama
she felt a great deal of compassion
osjetila je veliko suosjećanje
"Alas, it is a thousand pities"
"Jao, to je tisuću šteta"
"anything so good natured should not be so ugly"
"sve što je tako dobre naravi ne bi trebalo biti tako ružno"
Beauty spent three months very contentedly in the

palace
ljepotica je provela tri mjeseca vrlo zadovoljna u palači
every evening the Beast paid her a visit
svake ju je večeri zvijer posjećivala
and they talked during supper
i razgovarali su za vrijeme večere
they talked with common sense
razgovarali su zdravorazumski
but they didn't talk with what people call wittiness
ali nisu razgovarali s onim što ljudi nazivaju duhovitošću
Beauty always discovered some valuable character in the Beast
ljepota je uvijek otkrivala neki vrijedan karakter u zvijeri
and she had gotten used to his deformity
a ona se navikla na njegov deformitet
she didn't dread the time of his visit anymore
nije se više bojala vremena njegova posjeta
now she often looked at her watch
sada je često pogledavala na sat
and she couldn't wait for it to be nine o'clock
i jedva je čekala da bude devet sati
because the Beast never missed coming at that hour
jer zvijer nikada nije propustila doći u taj čas
there was only one thing that concerned Beauty
postojala je samo jedna stvar koja se ticala ljepote
every night before she went to bed the Beast asked her the same question
svaku večer prije nego što je otišla u krevet zvijer ju je pitala isto pitanje
the monster asked her if she would be his wife
čudovište ju je upitalo bi li mu bila žena
one day she said to him, "Beast, you make me very

uneasy"
jednog dana mu je rekla, "zvijeri, jako mi smetaš"
"I wish I could consent to marry you"
"Volio bih da mogu pristati da se udam za tebe"
"but I am too sincere to make you believe I would marry you"
"ali previše sam iskren da bih te natjerao da povjeruješ da bih te oženio"
"our marriage will never happen"
"naš brak se nikada neće dogoditi"
"I shall always see you as a friend"
"Uvijek ću te doživljavati kao prijatelja"
"please try to be satisfied with this"
"molim vas, pokušajte biti zadovoljni ovim"
"I must be satisfied with this," said the Beast
"Moram biti zadovoljan ovime", reče zvijer
"I know my own misfortune"
"Ja znam svoju nesreću"
"but I love you with the tenderest affection"
"ali ja te volim najnježnijom ljubavlju "
"However, I ought to consider myself as happy"
"Međutim, trebao bih se smatrati sretnim"
"and I should be happy that you will stay here"
"i trebao bih biti sretan što ćeš ostati ovdje"
"promise me never to leave me"
"obećaj mi da me nikad nećeš ostaviti"
Beauty blushed at these words
ljepotica je pocrvenjela na ove riječi
one day Beauty was looking in her mirror
jednog dana ljepotica se gledala u svoje ogledalo
her father had worried himself sick for her
njezin se otac jako zabrinuo za nju
she longed to see him again more than ever

čeznula je da ga ponovno vidi više nego ikada
"I could promise never to leave you entirely"
"Mogao bih obećati da te nikad neću potpuno napustiti"
"but I have so great a desire to see my father"
"ali imam veliku želju vidjeti svog oca"
"I would be impossibly upset if you say no"
"Bio bih nevjerojatno uznemiren ako kažeš ne"
"I had rather die myself," said the monster
"Radije bih i sam umro", reče čudovište
"I would rather die than make you feel uneasiness"
"Radije bih umro nego da ti stvaraš nelagodu"
"I will send you to your father"
"Poslat ću te tvom ocu"
"you shall remain with him"
"ostat ćeš s njim"
"and this unfortunate Beast will die with grief instead"
"a ova nesretna zvijer će umjesto toga umrijeti od tuge"
"No," said Beauty, weeping
"Ne", rekla je ljepotica plačući
"I love you too much to be the cause of your death"
"Previše te volim da bih bio uzrok tvoje smrti"
"I give you my promise to return in a week"
"Obećavam ti da ću se vratiti za tjedan dana"
"You have shown me that my sisters are married"
"Pokazali ste mi da su moje sestre udate"
"and my brothers have gone to the army"
"i moja braća su otišla u vojsku"
"let me stay a week with my father, as he is alone"
"dopustite mi da ostanem tjedan dana s ocem, jer je sam"
"You shall be there tomorrow morning," said the Beast
"Bit ćeš tamo sutra ujutro", reče zvijer
"but remember your promise"
"ali zapamti svoje obećanje"

"You need only lay your ring on a table before you go to bed"
"Trebaš samo položiti svoj prsten na stol prije nego što odeš u krevet"
"and then you will be brought back before the morning"
"i onda ćeš biti vraćen prije jutra"
"Farewell dear Beauty," sighed the Beast
"Zbogom draga ljepotice", uzdahne zvijer
Beauty went to bed very sad that night
ljepotica je te noći otišla u krevet jako tužna
because she didn't want to see Beast so worried
jer nije htjela vidjeti zvijer tako zabrinutu
the next morning she found herself at her father's home
sljedećeg jutra našla se u očevoj kući
she rung a little bell by her bedside
zazvonila je zvončićem pokraj kreveta
and the maid gave a loud shriek
a služavka je glasno vrisnula
and her father ran upstairs
a njezin je otac otrčao gore
he thought he was going to die with joy
mislio je da će umrijeti od radosti
he held her in his arms for quarter of an hour
držao ju je u naručju četvrt sata
eventually the first greetings were over
na kraju su završili prvi pozdravi
Beauty began to think of getting out of bed
ljepotica je počela razmišljati o ustajanju iz kreveta
but she realized she had brought no clothes
ali je shvatila da nije ponijela odjeću
but the maid told her she had found a box

ali joj je sluškinja rekla da je našla kutiju
the large trunk was full of gowns and dresses
velika škrinja bila je puna haljina i haljina
each gown was covered with gold and diamonds
svaka je haljina bila prekrivena zlatom i dijamantima
Beauty thanked Beast for his kind care
ljepotica je zahvalila zvijeri na njegovoj ljubaznoj brizi
and she took one of the plainest of the dresses
i uzela je jednu od najobičnijih haljina
she intended to give the other dresses to her sisters
ostale je haljine namjeravala dati svojim sestrama
but at that thought the chest of clothes disappeared
ali na tu pomisao škrinja s odjećom je nestala
Beast had insisted the clothes were for her only
zvijer je inzistirala da je odjeća samo za nju
her father told her that this was the case
otac joj je rekao da je to bio slučaj
and immediately the trunk of clothes came back again
i odmah se kovčeg s odjećom opet vratio
Beauty dressed herself with her new clothes
ljepotica se obukla u svoju novu odjeću
and in the meantime maids went to find her sisters
a u međuvremenu su sluškinje otišle pronaći njezine sestre
both her sister were with their husbands
obje njezine sestre bile su sa svojim muževima
but both her sisters were very unhappy
ali obje su njezine sestre bile vrlo nesretne
her eldest sister had married a very handsome gentleman
njezina se najstarija sestra udala za vrlo zgodnog gospodina
but he was so fond of himself that he neglected his

wife
ali je bio toliko sklon sebi da je zanemario svoju ženu
her second sister had married a witty man
njezina se druga sestra udala za duhovitog čovjeka
but he used his wittiness to torment people
ali je svojom duhovitošću mučio ljude
and he tormented his wife most of all
a najviše je mučio svoju ženu
Beauty's sisters saw her dressed like a princess
ljepotičine sestre vidjele su je odjevenu poput princeze
and they were sickened with envy
i razboljeli su se od zavisti
now she was more beautiful than ever
sada je bila ljepša nego ikada
her affectionate behaviour could not stifle their jealousy
njezino nježno ponašanje nije moglo ugušiti njihovu ljubomoru
she told them how happy she was with the Beast
rekla im je kako je sretna sa zvijeri
and their jealousy was ready to burst
a njihova je ljubomora bila spremna prsnuti
They went down into the garden to cry about their misfortune
Sišli su u vrt da plaču o svojoj nesreći
"In what way is this little creature better than us?"
"Po čemu je ovo malo stvorenje bolje od nas?"
"Why should she be so much happier?"
"Zašto bi ona trebala biti toliko sretnija?"
"Sister," said the older sister
"Sestro", rekla je starija sestra
"a thought just struck my mind"
"jedna misao mi je upravo pala na pamet"

"let us try to keep her here for more than a week"
"Pokušajmo je zadržati ovdje više od tjedan dana"
"perhaps this will enrage the silly monster"
"možda će ovo razbjesniti blesavo čudovište"
"because she would have broken her word"
"jer bi prekršila riječ"
"and then he might devour her"
"a onda bi je mogao proždrijeti"
"that's a great idea," answered the other sister
"to je sjajna ideja", odgovorila je druga sestra
"we must show her as much kindness as possible"
"moramo joj pokazati što više ljubaznosti"
the sisters made this their resolution
sestre su to odlučile
and they behaved very affectionately to their sister
i ponašale su se vrlo nježno prema svojoj sestri
poor Beauty wept for joy from all their kindness
jadna ljepotica plakala je od radosti zbog sve njihove dobrote
when the week was expired, they cried and tore their hair
kad je tjedan istekao, plakali su i čupali kosu
they seemed so sorry to part with her
činilo se da im je tako žao rastati se od nje
and Beauty promised to stay a week longer
a ljepotica je obećala da će ostati tjedan dana duže
In the meantime, Beauty could not help reflecting on herself
U međuvremenu, ljepota nije mogla ne razmišljati o sebi
she worried what she was doing to poor Beast
brinula se što radi jadnoj zvijeri
she know that she sincerely loved him
zna da ga je iskreno voljela

and she really longed to see him again
i doista je čeznula da ga opet vidi
the tenth night she spent at her father's too
i desetu noć provela kod oca
she dreamed she was in the palace garden
sanjala je da je u vrtu palače
and she dreamt she saw the Beast extended on the grass
i sanjala je da je vidjela zvijer ispruženu na travi
he seemed to reproach her in a dying voice
činilo se da joj predbacuje umirućim glasom
and he accused her of ingratitude
a on ju je optužio za nezahvalnost
Beauty woke up from her sleep
ljepotica se probudila iz sna
and she burst into tears
a ona je briznula u plač
"Am I not very wicked?"
"Nisam li jako zao?"
"Was it not cruel of me to act so unkindly to the Beast?"
"Nije li bilo okrutno od mene što sam se tako neljubazno ponašao prema zvijeri?"
"Beast did everything to please me"
"zvijer je učinila sve da mi ugodi"
"Is it his fault that he is so ugly?"
— Je li on kriv što je tako ružan?
"Is it his fault that he has so little wit?"
— Je li on kriv što ima tako malo pameti?
"He is kind and good, and that is sufficient"
"On je ljubazan i dobar, i to je dovoljno"
"Why did I refuse to marry him?"
"Zašto sam se odbila udati za njega?"
"I should be happy with the monster"

"Trebao bih biti sretan s čudovištem"
"look at the husbands of my sisters"
"pogledaj muževe mojih sestara"
"neither wittiness, nor a being handsome makes them good"
"ni duhovitost, ni ljepota ih ne čini dobrima"
"neither of their husbands makes them happy"
"nijedan od njihovih muževa ih ne usrećuje"
"but virtue, sweetness of temper, and patience"
"nego vrlina, ljupkost i strpljivost"
"these things make a woman happy"
"ove stvari čine ženu sretnom"
"and the Beast has all these valuable qualities"
"i zvijer ima sve te vrijedne kvalitete"
"it is true; I do not feel the tenderness of affection for him"
"istina je; ne osjećam nježnost naklonosti prema njemu"
"but I find I have the highest gratitude for him"
"ali smatram da imam najveću zahvalnost za njega"
"and I have the highest esteem of him"
"i ja ga najviše cijenim"
"and he is my best friend"
"i on je moj najbolji prijatelj"
"I will not make him miserable"
"Neću ga učiniti nesretnim"
"If were I to be so ungrateful I would never forgive myself"
"Da sam bio tako nezahvalan, nikad si ne bih oprostio"
Beauty put her ring on the table
ljepotica stavi svoj prsten na stol
and she went to bed again
i opet je otišla u krevet
scarce was she in bed before she fell asleep

jedva da je bila u krevetu prije nego što je zaspala
she woke up again the next morning
sljedeće se jutro ponovno probudila
and she was overjoyed to find herself in the Beast's palace
i bila je presretna što se našla u zvijerinoj palači
she put on one of her nicest dress to please him
odjenula je jednu od svojih najljepših haljina kako bi mu ugodila
and she patiently waited for evening
a ona je strpljivo čekala večer
at last the wished-for hour came
je došao željeni čas
the clock struck nine, yet no Beast appeared
sat je otkucao devet, ali se nije pojavila zvijer
Beauty then feared she had been the cause of his death
ljepotica se tada bojala da je ona uzrok njegove smrti
she ran crying all around the palace
trčala je plačući po cijeloj palači
after having sought for him everywhere, she remembered her dream
nakon što ga je posvuda tražila, sjetila se svog sna
and she ran to the canal in the garden
a ona je otrčala do kanala u vrtu
there she found poor Beast stretched out
tamo je našla jadnu zvijer ispruženu
and she was sure she had killed him
a bila je sigurna da ga je ubila
she threw herself upon him without any dread
bacila se na njega bez imalo straha
his heart was still beating
srce mu je još kucalo
she fetched some water from the canal

donijela je vode iz kanala
and she poured the water on his head
i izli mu vodu na glavu
the Beast opened his eyes and spoke to Beauty
zvijer je otvorila oči i obratila se ljepotici
"You forgot your promise"
"Zaboravio si obećanje"
"I was so heartbroken to have lost you"
"Srce mi je bilo tako slomljeno što sam te izgubio"
"I resolved to starve myself"
"Odlučio sam se izgladnjivati"
"but I have the happiness of seeing you once more"
"ali imam sreću vidjeti te još jednom"
"so I have the pleasure of dying satisfied"
"tako da imam zadovoljstvo umrijeti zadovoljan"
"No, dear Beast," said Beauty, "you must not die"
"Ne, draga zvijeri", reče ljepotica, "ne smiješ umrijeti"
"Live to be my husband"
"Živi da budeš moj muž"
"from this moment I give you my hand"
"Od ovog trenutka ti dajem ruku"
"and I swear to be none but yours"
"i kunem se da ću biti samo tvoj"
"Alas! I thought I had only a friendship for you"
"Jao! Mislio sam da za tebe imam samo prijateljstvo"
"but the grief I now feel convinces me;"
"ali tuga koju sada osjećam uvjerava me;"
"I cannot live without you"
"Ne mogu živjeti bez tebe"
Beauty scarce had said these words when she saw a light
rijetka ljepotica izgovorila je ove riječi kad je ugledala svjetlo

the palace sparkled with light
palača je svjetlucala
fireworks lit up the sky
vatromet je obasjao nebo
and the air filled with music
a zrak ispunjen glazbom
everything gave notice of some great event
sve je davalo navijest o nekom velikom događaju
but nothing could hold her attention
ali ništa joj nije moglo zadržati pozornost
she turned to her dear Beast
obratila se svojoj dragoj zvijeri
the Beast for whom she trembled with fear
zvijer za kojom je drhtala od straha
but her surprise was great at what she saw!
ali njezino je iznenađenje bilo veliko onim što je vidjela!
the Beast had disappeared
zvijer je nestala
instead she saw the loveliest prince
umjesto toga vidjela je najljupkijeg princa
she had put an end to the spell
stala je na kraj čaroliji
a spell under which he resembled a Beast
čaroliju pod kojom je nalikovao zvijeri
this prince was worthy of all her attention
ovaj je princ bio vrijedan sve njezine pažnje
but she could not help but ask where the Beast was
ali nije mogla a da ne upita gdje je zvijer
"You see him at your feet," said the prince
Vidiš ga kod svojih nogu, reče princ
"A wicked fairy had condemned me"
"Osudila me opaka vila"
"I was to remain in that shape until a beautiful

princess agreed to marry me"
"Trebao sam ostati u takvom obliku dok se lijepa princeza ne pristane udati za mene"
"the fairy hid my understanding"
"vila je sakrila moje razumijevanje"
"you were the only one generous enough to be charmed by the goodness of my temper"
"ti si jedini bio dovoljno velikodušan da te očara dobrota moje ćudi"
Beauty was happily surprised
ljepotica je bila sretno iznenađena
and she gave the charming prince her hand
i pružila je dražesnom princu svoju ruku
they went together into the castle
otišli su zajedno u dvorac
and Beauty was overjoyed to find her father in the castle
a ljepotica je bila presretna što je zatekla oca u dvorcu
and her whole family were there too
i cijela njezina obitelj također je bila tamo
even the beautiful lady that appeared in her dream was there
čak je i lijepa dama koja joj se pojavila u snu bila tamo
"Beauty," said the lady from the dream
"ljepota", rekla je dama iz sna
"come and receive your reward"
"dođi i primi svoju nagradu"
"you have preferred virtue over wit or looks"
"više voliš vrlinu nego pamet ili izgled"
"and you deserve someone in whom these qualities are united"
"i zaslužuješ nekoga u kome su ove kvalitete ujedinjene"
"you are going to be a great queen"

"ti ćeš biti velika kraljica"
"I hope the throne will not lessen your virtue"
"Nadam se da prijestolje neće umanjiti tvoju vrlinu"
then the fairy turned to the two sisters
onda se vila okrenu dvjema sestrama
"I have seen inside your hearts"
"Vidio sam unutar vaših srca"
"and I know all the malice your hearts contain"
"i znam svu zlobu koja tvoja srca sadrže"
"you two will become statues"
"vas dvoje ćete postati kipovi"
"but you will keep your minds"
"ali zadržat ćeš se"
"you shall stand at the gates of your sister's palace"
"stajat ćeš na vratima palače svoje sestre"
"your sister's happiness shall be your punishment"
"sreća tvoje sestre bit će tvoja kazna"
"you won't be able to return to your former states"
"nećeš se moći vratiti u svoja bivša stanja"
"unless, you both admit your faults"
"osim ako oboje ne priznate svoje greške"
"but I am foresee that you will always remain statues"
"ali predviđam da ćete uvijek ostati kipovi"
"pride, anger, gluttony, and idleness are sometimes conquered"
"ponos, ljutnja, proždrljivost i besposlica ponekad se pobjeđuju"
"but the conversion of envious and malicious minds are miracles"
" ali obraćenje zavidnih i zlonamjernih umova su čuda"
immediately the fairy gave a stroke with her wand
odmah vila udari štapićem
and in a moment all that were in the hall were

transported
i u trenu su se prevezli svi koji su bili u dvorani
they had gone into the prince's dominions
bili su otišli u kneževu vlast
the prince's subjects received him with joy
kneževi su ga podanici s radošću primili
the priest married Beauty and the Beast
svećenik je vjenčao ljepoticu i zvijer
and he lived with her many years
i živio je s njom mnogo godina
and their happiness was complete
i njihova je sreća bila potpuna
because their happiness was founded on virtue
jer je njihova sreća bila utemeljena na vrlini

The End
Kraj

www.tranzlaty.com

www.ingramcontent.com/pod-product-compliance
Lightning Source LLC
Chambersburg PA
CBHW012010090526
44590CB00026B/3952